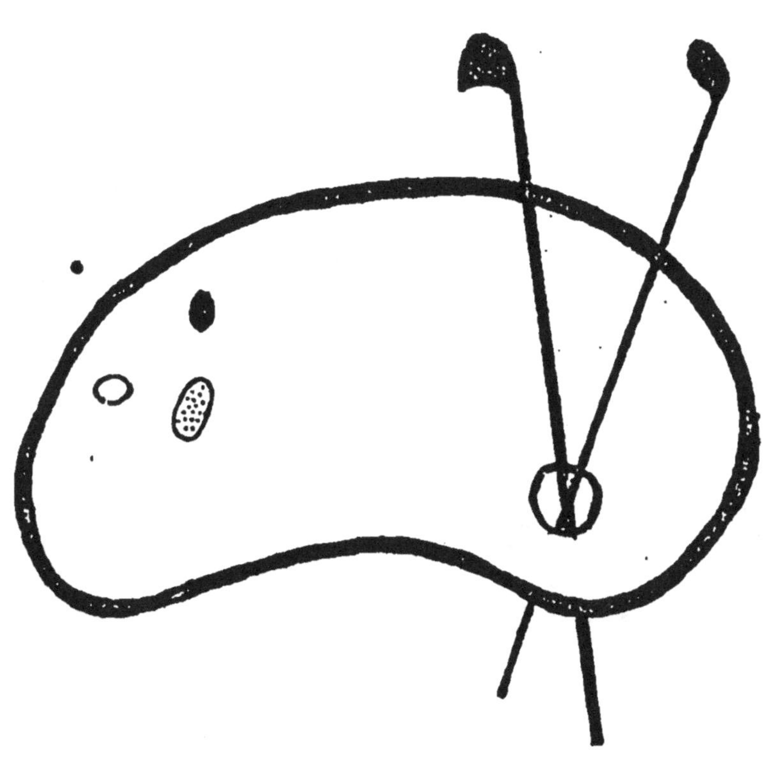

DEBUT D'UNE SERIE DE DOCUMENTS
EN COULEUR

Couverture inférieure manquante

JEANNE D'ARC

ET LA

Franc-Maçonnerie

par

J. KOTSKA DE BORGIA

I. LA JEANNE D'ARC DES FRANCS-MAÇONS
II. JEANNE D'ARC INSPIRÉE ET L'ÉGLISE

A. P.

PARIS
LIBRAIRIE ANTIMAÇONNIQUE
A. PIERRET
37, Rue Étienne-Marcel, 37

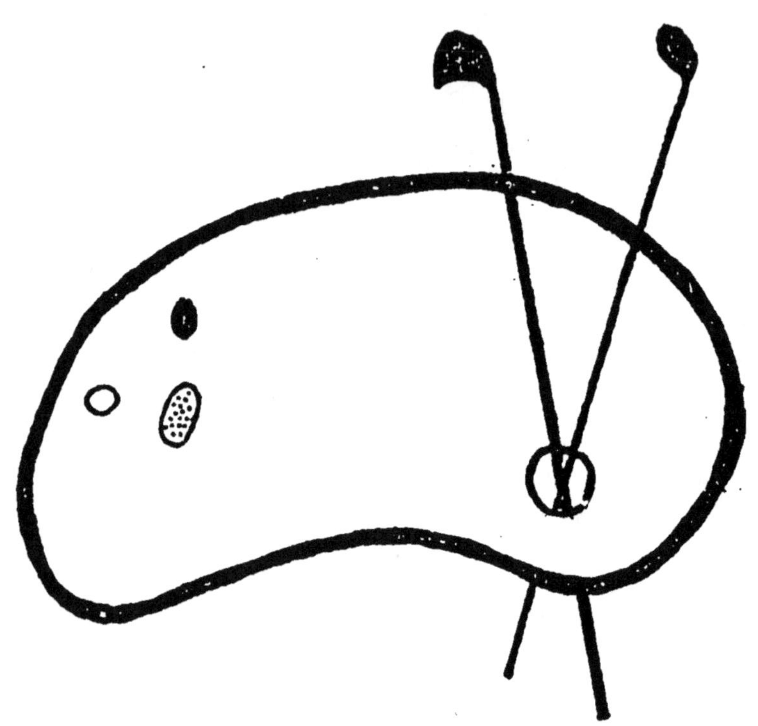

FIN D'UNE SERIE DE DOCUMENTS
EN COULEUR

JEANNE D'ARC

ET LA FRANC-MAÇONNERIE

BIBLIOTHÈQUE ANTIMAÇONNIQUE

SÉRIE DE BROCHURES DE VULGARISATION A **0 FR. 50** (IN-12)

(Franco, *par la poste :* **0 fr. 60**)

Deux brochures de cette collection paraîtront par mois EN MOYENNE; elles seront annoncées à l'avance, au fur et à mesure, sûr la couverture de l'**Anti-Maçon**, *organe officiel-de la Ligue du Labarum,* édité par la LIBRAIRIE ANTIMAÇONNIQUE, A. Pierret, 37, rue Étienne-Marcel, Paris.

Voici la nomenclature des sujets déjà arrêtés et qui seront traités successivement, sans que lesdites brochures paraissent toutefois rigoureusement dans l'ordre de cette énumération; de même, la mise en vente n'aura pas lieu à date fixe, mais aussitôt qu'une des brochures sera prête et annoncée par l'*Anti-Maçon :*

Jeanne d'Arc et la Franc-Maçonnerie (*en vente*). — **Le Labarum Anti-Maçonnique**; Statuts de l'Ordre : déclaration de principes, grandes constitutions, etc. (*en vente le 24 février*). — **Éva ! la Franc-Maçonnerie et la Française** (*en vente vers le 10 mars*). — **Garcia Moreno.** — **Les Enfouisseurs.** — **Albert Pike** (biographie). — **Inter pocula !** (souvenirs d'agapes maçonniques). — **La Franc-Maçonnerie dans l'Armée.** — **Les Convents Maçonniques.** — **Isaac-Adolphe Crémieux** (biographie). — **La Loque Noire ou les Complots des Kadosch.** — **Giuseppe Mazzini** (biographie). — **Y a-t-il des Prêtres dans la Franc-Maçonnerie?** (cette brochure par Miss Diana Vaughan). — **L'Antipape Lemmi** (biographie). — **Le Diable chez les Francs-Maçons.** — **Charles Floquet** (biographie). — **La Franc-Maçonnerie dans la Presse.** — **Giuseppe Garibaldi** (biographie). — **La Probité Maçonnique.** — **Les Francs-Maçons Anarchistes.** — **La Morale des Francs-Maçons** (*en latin*). — **Jean Macé et la Ligue de l'Enseignement,** etc., etc.

BIBLIOTHÈQUE ANTIMAÇONNIQUE

N° 1

JEANNE D'ARC

ET

LA FRANC-MAÇONNERIE

PAR

K. DE BORGIA

I

LA JEANNE D'ARC DES FRANCS-MAÇONS

II

JEANNE D'ARC INSPIRÉE ET L'ÉGLISE

PARIS

LIBRAIRIE ANTIMAÇONNIQUE

A. PIERRET, ÉDITEUR

37, RUE ÉTIENNE-MARCEL, 37

PREMIÈRE PARTIE

LA JEANNE D'ARC DES FRANCS-MAÇONS

***

I

La Franc-Maçonnerie a pour programme de décatholiciser la France. C'est un fait acquis que tous ses efforts convergent à ce but. La lumière qui s'est faite sur les travaux anti-chrétiens des Loges bleues, sur les machinations des Chapitres de Rose-Croix, sur les entreprises des Aréopages de Kadosch, ne permet plus d'en douter. La secte poursuit imperturbablement sa marche infernale vers l'anéantissement de l'idée de Dieu, de l'idée de l'âme immortelle et de la foi, dans notre Patrie.

L'introduction de la cause de la Vénérable Jeanne d'Arc a causé un grand émoi dans les sanhédrins du rite français. Une partie notable du Grand-Orient a été immédiatement mobilisée. Des pamphlets, tels que celui du sénateur Delpech, des livres tels que celui du F∴ Lesigne, intitulé : *La fin d'une légende ;* des conférences, des journaux même ont été lancés, écrits, préparés et publiés. Ce mouvement se dessinait dès 1889, année du centenaire de la Révolution française. La mémoire de la Libératrice, de la grande catholique qui, après avoir chassé les Anglais en 1429, semble avoir pris en mains de chasser les francs-maçons, a été livrée littéralement, comme les premiers chrétiens, aux bêtes, c'est-à-dire à la rage et aux fureurs de la secte. D'éclatantes conversions opérées par l'intercession de la Vénérable, ont exaspéré les maçons. Cette poignée audacieuse d'athées ou de Lucitériens s'est soulevée comme le bas-fond de l'Océan, dans la raffale qui le tourmente et qui l'agite. La Maçonnerie a compris que son règne touchait à son terme, que le réveil religieux du peuple très chrétien s'annonçait par des signes précurseurs indiscutables, qu'on était las d'obéir honteusement à un tas d'hommes sans génie, sans science, sans pudeur et de subir un joug aussi déshonorant que lourd et insupportable. Cependant, la Maçonnerie ne pouvait plus ramasser dans la boue, les armes démodées de l'odieux et purulent Voltaire. Elle a donc changé de tactique.

II

L'érudition moderne avait fait faire un pas immense à la cause de la Pucelle d'Orléans. La publication des deux procès, celui de Rouen et celui de la réhabilitation ; la publication d'ouvrages tels que les *Aperçus nouveaux*, de Jules Quicherat, l'*Histoire de Jeanne d'Arc*, de Wallon et de Sepet, *La Jeanne d'Arc telle qu'elle est*, de J. Doinel, *La paysanne et l'inspirée*, du R. P. Ayroles, avait détruit bien des préjugés, réparé bien des erreurs, comblé bien des lacunes. Il fallait

désormais, sous peine d'être honni, parler respec-
tueusement de la glorieuse Lorraine. La secte rejeta
donc les armes usées du vieil Arouet. Mais profitant
de l'ignorance de la masse vulgaire et de la légèreté
d'esprit qui gâte les qualités généreuses de notre
race, elle résolut de nous présenter une Jeanne d'Arc
fictive d'abord, une GRANDE LAÏQUE, puis de faire
retomber sur la sainte Église catholique, apostolique
et romaine, notre mère bien-aimée, tout l'odieux du
procès de Rouen et toute la honte du supplice de
la chère et sainte héroïne.

Ce plan était digne de Lucifer son inspirateur. Il
faisait partie de cette haute diplomatie démoniaque
qui mène et dirige depuis 1789 les affaires de l'incré-
dulité en France. Beaucoup se sont laissés prendre à
ce piège. Des lecteurs ou des auditeurs, souvent de
bonne foi, toujours superficiels, ont accepté les don-
nées historiques fausses proposées par les écrivains
ou les orateurs inspirés par les loges, et les conclusions qui en découlaient. Les mauvaises feuilles
inféodées à la secte, la *Lanterne*, principalement,
l'*Intransigeant* et *tutti quanti*, ont servi de trompettes
aux déclamateurs et aux falsificateurs de la vie
de Jeanne d'Arc. La bande athée et libre-penseuse,
très divisée sur d'autres points, s'est mise d'accord
sur celui-là. De sorte que la question de Jeanne d'Arc
est devenue d'une capitale importance et que l'obli-
gation de signaler et de stigmatiser les sophismes et
les bévues ignorantes des sectaires, s'est imposée
à tous les amis de Jeanne, à tous les enfants de
la sainte Église qui sont au courant de cette ques-

tion. C'est ce que je veux faire à mon tour dans ce petit livre que je dédie aux Français de bonne foi.

III

Donc, la thèse maçonnique est double. D'abord la secte professe bien haut, avec une sonore et truculente emphase, un respect profond, une admiration sans limites, pour l'héroïne ; mais en même temps, elle nie l'intervention du surnaturel dans cette merveilleuse existence. De sorte que la conclusion qui s'impose est celle-ci : ou Jeanne est folle et hystérique, ou Jeanne est menteuse. Car Jeanne est folle et hystérique si elle a pris ses hallucinations pour des apparitions réelles. Et, si Jeanne a consciemment inventé ses apparitions, elle est menteuse. C'est un dilemme que nulle subtilité ne peut résoudre. La secte sous-entend bien cette conclusion, car Jeanne d'Arc la gêne étrangement. Elle lui préfère mille fois Théroigne de Méricourt, Mme Roland, voire Louise Michel. Mais la secte proteste avec fracas et, tout en souffletant Jeanne d'Arc, elle la salue. Ne semble-t-il pas que l'on entende retentir l'écho du soufflet qui fut donné à Notre-Seigneur, dans le prétoire, pendant que la tourbe impure des bourreaux lui dit avec un dérisoire respect qui est un outrage de plus : « Je te salue, Roi des juifs ? » *Ave rex Judæorum !*

D'autre part, la secte s'attendrissant sur les souffrances et sur le martyre de la Vénérable, se tourne

avec une feinte colère du côté de l'Église et l'accuse
d'avoir emprisonné, jugé, condamné et brûlé Jeanne
d'Arc. Ce lieu commun est absurde, mais il est telle-
ment répandu et tant d'imbéciles le répètent après les
méchants, qu'il est nécessaire de le remettre au point.
Et la secte ajoute encore que non seulement Jeanne
est une martyre sacrifiée par l'Église, mais qu'elle
est une martyre de la libre-pensée. C'est là le comble;
et il faut toute la haine menteuse des uns et toute la
bètise moutonnière et l'ignorance crasse des autres,
pour que ce cliché vieux jeu ait pu être mis dans la
circulation des sots.

IV

Dans la séance du vendredi 12 septembre du convent
de 1890, un F∴ Duprez, député de la loge *La Démocratie Maçonnique à l'Orient de Pantin*, donna lecture
du vœu suivant qu'il faut citer tout entier, tant à
cause de son ineffable bètise qu'à cause de la signifi-
cation profonde que son rejet comporte.

« La Loge *La Démocratie maç∴*, *O∴ de Pantin*.

« Considérant que Jeanne d'Arc est une des gloires
les plus pures du patriotisme français et une *victime
du cléricalisme ;*

« Considérant que les cléricaux, qui l'ont brûlée à
Rouen, veulent naturellement s'emparer, dans un but
de lucre, du souvenir de la noble héroïne ;

« Emet le vœu que la Franc-Maçonnerie, soit direc-
tement, soit par son patronage, élève une statue à

celle qui, dans le sacrifice de sa vie pour son pays, n'a été inspirée que par le patriotisme le plus élevé.

« *Signé :* DUPREZ. »

Le rapporteur des vœux, le F∴ Benoit-Lévy, UN JUIF, dit alors : « Nous estimons qu'il n'y a pas lieu de discuter ce vœu et nous vous proposons de passer à l'ordre du jour pur et simple. » Aussitôt dit, aussitôt fait. Au milieu d'un morne silence, le f∴ orateur Bordier prit des conclusions favorables à l'ordre du jour qui fut voté (1).

L'auteur du vœu, le F∴ Duprez (Henri-Louis), est un Rose-Croix, médecin-vétérinaire, 10, villa du Bel-Air, à Paris. Le temple de la Loge *La Démocratie Maçonnique*, dont il était encore Vénérable en 1894, est situé à Pantin, 3, rue Lakanal.

L'orateur, le F∴ Bordier (Charles-François-Edgar), est un trente-troisième, grand-chancelier-adjoint du grand collège des Rites, membre de la Chambre de Cassation. Il est avocat à la cour d'appel de Paris, vénérable de la loge les *Amis de la Patrie*, et habite, 21, rue du Vieux-Colombier. Il est, de plus, Très-Sage du Chapitre *Clémente Amitié*.

Le F∴ Benoit-Lévy, rapporteur du vœu du F∴ Duprez, est un juif, avocat à la cour d'appel de Paris, Vénérable de la loge *La Concorde sociale*, fondée le 31 mars 1891, et habite, 17, boulevard Saint-Martin.

Les trois personnages sont donc des dignitaires

(1) *Bulletin du G. O. de France*, août-septembre 1890, page 549, lignes 13 à 28.

de l'Ordre, principalement le F.·. Bordier, qui a
conclu à l'ordre du jour pur et simple. De plus, le
F.·. Bordier est membre du grand collège des rites,
pouvoir directeur occulte de la Maçonnerie française.

V

Comme l'a écrit spirituellement Georges Bois, à la
page 195 de son livre révélateur sur la *Maçonnerie
nouvelle du Grand-Orient de France*, le Convent de
1890 n'est pas gai. « On s'exhorte mutuellement à
l'enterrement civil. » Nous consacrerons un prochain
tract à cette curieuse question.

Mais, si le Convent n'est pas gai, il est souveraine-
ment instructif en cette année maçonnique 5890, pour
parler le jargon d'Hiram. Reprenons, pour notre part,
le vœu du vétérinaire Duprez. Sa motion a produit sur
l'assemblée l'effet d'un monstrueux pavé qui tomberait inopinément dans une mare. Cette attitude du
Convent tient à la question de Jeanne d'Arc et mérite
qu'on l'étudie au microscope. Les trois frères que
nous venons de citer représentent la triple situation
de la Maçonnerie vis-à-vis de cette haute personnalité
qu'elle déteste et qu'elle redoute, autant que nous
l'aimons.

Le frère Duprez et son vœu. Ce vœu, fait de plein
par un vénérable au nom d'une loge de la banlieue
parisienne, exprime la pensée, souvent sincère, mais
toujours ignorante de la populace maçonnique sur
Jeanne d'Arc. Cette foule des loges bleues, j'entends

cette foule sans éducation, ni instruction, est per-
suadée que la Pucelle d'Orléans est une amazone dans
le genre des femmes guerrières de l'antiquité, et que
cette amazone a été brûlée par les prêtres, parce
qu'elle était une révoltée et une libre penseuse d'avant
la lettre. Cette sotte conviction a été formée dans ces
esprits obtus, dans ces cerveaux primitifs, par les
livres abracadabrants de Michelet et d'Henri Martin
et par le genre d'histoire que la *Laïque* de la capitale
fabrique pour le compte de ses malheureux élèves.
Cette crédulité n'empêche pas que la masse des loges
bleues ne professe, pour la Pucelle ainsi comprise, un
culte sincère égal à celui qu'elle professe pour
n'importe quelle « victime du parti prêtre ». L'imagi-
nation des Frères Trois-Points assimile cette Jeanne
d'Arc de convention à la citoyenne Pauline Roland.
De cette idée naît dans ces intelligences quelconques
une haine aveugle contre l'Église catholique, et
découle une série d'anathèmes, avec des malédictions
contre l'Inquisition, la Saint-Barthélemy et le mas-
sacre des Albigeois, à la clef. Persuadés de cette
ineptie historique, les frères s'indignent de voir
l'Église fêter ce nom glorieux et proclamer son admiration et son amour pour la Libératrice. Il leur
semble que le clergé est un immense crocodile qui
larmoie sur sa victime. Et ils se soulèvent avec une
grotesque furie contre ces *coquins* d'évêques qui
brûlent Jeanne d'Arc et veulent la canoniser. Ils en
tirent une conclusion qui leur semble logique. C'est
qu'il doit y avoir quelque bonne affaire d'argent là-
dessous. Inutile de dire que les Hébreux qui pullulent

dans les loges, comme les sauterelles dans les huttes des Bédouins, et qui se connaissent en matière d'intérêts comme pas un, crient plus fort et plus haut que leurs frères d'origine chrétienne. Ceci posé, disséquons le vœu du vétérinaire de Pantin.

VI

1° Jeanne d'Arc est une des figures les plus pures du patriotisme français. Cette thèse est incontestable. Reste à savoir ce que les Loges entendent par patriotisme. Celui de saint Louis, celui de Condé, celui de Louis XIV, ne comptant point pour elles, reste le patriotisme révolutionnaire, incarné dans le citoyen Danton et le citoyen Gambetta. De là, assimilation de la gloire patriotique de la Libératrice à celle du massacreur de 1792 et à celle du dictateur de 1870.

2° Jeanne d'Arc est une victime du *cléricalisme*. La bêtise s'accentue ici et l'ineptie s'épanouit. Le bon Duprez qui parle le langage de Rabagas, a entendu répéter et a répété lui-même à satiété « le cléricalisme » voilà l'ennemi. Boum ! Boum ! Boum ! Patatras... — Pour Duprez, le cléricalisme est de tous les temps. Et comme Duprez, en fait d'histoire de France, en sait autant que feu Gribouille, comme la société du XVe siècle lui est absolument inconnue, comme elle est aussi fantastique pour son intellect que la société de Liliput, Duprez, naturellement, transporte le *cléricalisme* de 1870-1896, le cléricalisme de Gambetta, en plein moyen âge, en 1431. Et, naturellement aussi, Jeanne est une victime du cléricalisme, car Duprez, frotté de littérature à la Pigault-Lebrun ou à la Ducray-Dumesnil, Duprez, qui a vu jouer dans son enfance, force drames au boulevard du crime, Duprez qui a lu, ou je me trompe fort, les *Victimes du Cloître* et les *Crimes des Rois et des Papes*, et qui a dévoré les *Mystères de l'Inquisition* de feu Zaccone, Duprez, épouvanté par tant d'horreurs, a pleuré, comme les veaux qu'il soigne, sur cette infortunée Jeanne d'Arc, victime des infâmes cléricaux ; et il a forgé son vœu magnifique devant la Loge de Pantin épouvantée et l'a prononcé d'une voix creuse devant le convent médusé par l'apparition de ce spectre de Banquo, le *cléricalisme*.

L'esprit des maçons des Loges Bleues est représenté fidèlement par ce premier considérant du vœu Duprez.

VII

Poursuivons.

« Considérant que les *cléricaux*, qui l'ont brûlée à Rouen, veulent *naturellement* s'emparer dans *un but de lucre*, du souvenir de la noble héroïne... »

On ne comprend pas dans « quel but de lucre » les fameux cléricaux qui ont brûlé Jeanne en 1431, la ressuscitent en 1890, pour s'emparer d'elle. La pensée du frère Duprez est sans doute que ces cléricaux de malheur veulent gagner beaucoup d'argent à propos de la canonisation de la Pucelle. Mais comment ? C'est ce qui n'est pas clair. Nous pourrions faire remarquer au f.·. Duprez qu'une canonisation comporte des frais considérables et que ce ne sont pas les maçons qui paient ordinairement ces frais, mais les cléricaux. Ce sont les cléricaux qui ouvrent leurs bourses, pendant que les Trois-Points montent une garde vigilante autour du *tronc de la veuve* dans lequel ils jettent leurs « briques », lisez 1 franc, et leurs « médailles de maître », lisez 5 francs. Je ne sache point que le *casque* du chev .·. R.·. C.·. ait jamais épanché une manne dorée pour les fêtes de ce genre. A moins que le F.·. Duprez ne veuille dire que la cour de Rome va remplir ses coffres. Hélas ! la cour de Rome n'a pas de *Panama* à son service et les œuvres catholiques vivent de sacrifices et de privations généreuses. En tous cas, les catholiques ont bien le droit d'aider l'Église et le Saint-Père persécutés, bien que le budget de leurs aumônes et de leurs dons ne puisse pas rivaliser avec celui de la rue Cadet. Mais enfin, Duprez n'est pas clair, et il devrait bien nous expliquer comment, « naturellement », les cléricaux vont battre monnaie avec le souvenir de l'héroïne qu'ils ont brûlée. Parions que le f.·. Duprez n'en sait rien lui-même. Il est rose-croix cependant, le f.·. Duprez, il porte le camail rouge, il fait partie d'un « sublime chapitre », d'une arrière-loge. Cela en impose aux gogos des grades symboliques. Il sait bien que le trésorier du chapitre n'a jamais donné un sou au denier de Saint-Pierre. Pourquoi s'inquiète-t-il des dons que le culte de la Pucelle, quand la sainte Église l'aura autorisé, pourra recevoir des fidèles catholiques et des bons Français ?

Cette disposition d'esprit des maçons, à voir dans les choses spirituelles, une source de bonnes aubaines, est générale. On peut la constater partout. Elle a, pendant la Commune, inspiré ces visites dans les couvents, ces recherches dans les communautés, ces investigations odieuses dans les sacristies et dans les presbytères. Les malheureux rêvaient de trésors enfouis ! Égarés que vous êtes ! les trésors sont ailleurs. La juiverie cosmopolite qui vous ronge et vous dévore, pourrait vous dire où ils se trouvent. Vos ancêtres de 1793 ont spolié l'Église et volé le bien des pauvres. L'Église de Jésus-Christ n'a plus d'autre richesse que sa charité. Comme le diacre Laurent, elle vous montre les infortunes qu'elle secourt en vous disant : voilà mes richesses ! Les trésoriers de l'Église, ce sont les sœurs de charité et les frères ignorantins, comme vous les appelez, bien qu'ils en sachent beaucoup plus que vous. Ces trésors-là, la rouille ne peut les atteindre. L'Église ne place à gros intérêts que dans le Ciel. Et le trésorier d'En-Haut, c'est Dieu.

VIII

Le vœu qui faisait suite à ces beaux considérants, demandait l'érection d'une statue à Jeanne d'Arc « en l'honneur de celle qui n'a été inspirée que par le patriotisme le plus élevé ». Lisez : en l'honneur de celle qui s'est imaginé entendre des voix et qui a confondu l'inspiration de son patriotisme avec une prétendue inspiration d'En-Haut. La stupeur du convent a été grande. Jusqu'à présent on n'avait, dans cette enceinte maçonnique, entendu parler que de statues révolutionnaires. Mais une statue à Jeanne d'Arc, érigée sous le patronage des Loges ! C'était stupéfiant. Le f.·. Duprez n'avait qu'un moyen, un seul, pour faire adopter son vœu. C'était de demander qu'on mît dans la main de la Pucelle, non pas le virginal étendard qui portait l'image du Sauveur et les deux noms sacrés de Jésus et de Marie, mais un triangle enguirlandé d'une branche d'acacia. Et sur le socle de la statue on aurait gravé ces trois mots : *Liberté ! Égalité ! Fraternité !* De sorte que l'effigie de cette Pucelle maçonnique aurait pu, avec adjonction d'un bonnet rouge, représenter à la fois et une Jeanne d'Arc selon la mode de 1793 et une belle Franc-Maçonnerie démocratique et sociale. Le f.·. Duprez ne pensa point à cela et le convent passa à l'ordre du jour.

Le rapporteur, le f.·. Benoit-Lévy, se contenta de dire qu'il n'y avait pas lieu de discuter ce vœu. Quel sens cachent ces paroles dédaigneuses? D'abord, le f.·. Benoit-Lévy a du bon sens et il comprit tout de suite le grotesque d'une statue élevée à Jeanne, sous les auspices du Grand-Orient. Puis le f.·. Benoit-Lévy est trop instruit pour croire un mot des calembredaines que l'Ordre répand sur la vie et la mort de la Pucelle. Enfin, le f.·. Benoit-Lévy, comme après lui le f.·. Bordier, orateur du Convent, était, dans l'espèce, l'interprète de la pensée même de la Franc-Maçonnerie. Or, la Franc-Maçonnerie déteste Jeanne d'Arc. Et nous en donnerons bientôt une preuve éclatante. La Franc-Maçonnerie ne peut aimer Jeanne d'Arc, parce que la mission de Jeanne d'Arc et l'œuvre sublime quelle a accomplie, sont la démonstration par le fait, de ce surnaturel catholique, contre lequel la Maçonnerie du Grand-Orient a dressé toutes ses batteries. J'ai entendu un jour tomber de la bouche d'un franc-maçon intelligent et lettré — ce qui est rare — cette parole bien significative : « Jeanne d'Arc ? elle nous *embête*. » Le mot est vulgaire, mais expressif. Jeanne d'Arc les *embête*. Cela se conçoit. Elle a aimé et défendu tout ce qu'ils combattent et tout ce qu'ils détestent. Elle est morte pour une foi qu'ils haïssent. Elle a été au service d'un Dieu qu'ils nient et d'une patrie chrétienne qu'ils exècrent, car ils n'aiment la Patrie que révolutionnaire et athée.

La Franc-Maçonnerie se trouvait donc placée par ce vœu entre le ridicule, si elle l'acceptait, et la haine manifeste, si elle le repoussait en le discutant. Aussi le rapporteur et l'orateur de l'Assemblée durent-ils se réfugier dans l'ordre du jour pur et simple. Les conclusions de l'orateur admises par le Convent voulaient dire : Nous ne voulons pas et nous ne pouvons pas glorifier Jeanne telle qu'elle est et nous n'osons pas braver le rire général qui accueillerait une Jeanne d'Arc escamotée par nous.

IX

Le f.·. Duprez ne protesta pas et personne ne protesta pour lui. Le vœu fut enterré. On dut sans doute expliquer en particulier, à l'auteur, les motifs qui avaient inspiré l'adoption de l'ordre du jour. Quant à nous, ce vœu malencontreux a eu cela de bon, qu'il nous a fait pénétrer dans la pensée de fond de la Franc-Maçonnerie sur notre Libératrice, déclarée Vénérable par le Saint-Siège. Il faut maintenant dire dans quelles circonstances il a été donné à quelques-uns d'apprendre le secret maçonnique de la haine de la secte contre Jeanne. C'était dans une solennelle fête de l'Ordre, au sein de l'une des loges les plus importantes de la fédération du Grand-Orient de France. La fête était présidée par un très haut dignitaire du Conseil de l'Ordre, un homme politique, ancien député et maire d'une ville de province, qui n'est pas de dernier ordre. Une fête solsticiale se compose de plusieurs parties. Il y a d'abord la *tenue* officielle de la Loge, *tenue* qui comporte le compte-rendu des travaux de l'année et les discours doctrinaires des représentants de l'Ordre. Il y a ensuite, le soir, le banquet. C'est au banquet qu'on porte les « santés obligatoires » et les toasts non obligatoires, c'est-à-dire non rituéliques. Il est d'usage de développer dans ces toasts un des motifs favoris de la secte. Cette fois, le haut dignitaire avait choisi un sujet que rendait actuel le regain de vénération et de gloire que l'introduction du procès de la Vénérable en cour de Rome, procurait à cette question si chère aux cœurs des catholiques et des Français. Eh bien ! il faut s'attendre à tout, quand un franc-maçon sectaire parle de la Pucelle. Mais qui se serait jamais attendu aux paroles que la bouche de l'orateur allait proférer. Certes, ces paroles ne prenaient pas l'aspect d'un outrage, le ton était relativement calme, la phraséologie quasi-respectueuse, mais l'idée que voilaient les mots, l'idée foncière autour de laquelle tout s'enroulait et vers laquelle tout convergeait, était anti-patriotique et anti-chrétienne, tout à la fois. On pourra voir, par l'exposition de cette idée, quelle est la pensée des arrières-loges sur Jeanne d'Arc et quel danger international elle laisse soupçonner à tout esprit droit et juste. Le F.·. orateur dont je parle et que je ne veux pas nommer, parce que certains côtés sympathiques de sa nature me font espérer que, malgré tout le mal qu'il fait, Dieu lui fera un jour la grâce de retourner aux croyances de sa jeunesse, le f.·. orateur développait la théorie suivante.

X

Jeanne d'Arc est une héroïne, sans doute, mais cette héroïne était une hallucinée ; et cette hallucinée a été fatale a la France. Cette incroyable thèse fut développée pendant une bonne demi-heure, avec grand renfort de déclamations, mais sans l'ombre d'apparence d'histoire. On put constater, — ceux-là du moins, qui s'y entendaient, — que le dignitaire ne connaissait ni les faits dont il parlait, ni l'époque dont il traitait. On put s'apercevoir qu'il ressassait des banalités soutenues déjà par quelques publicistes de dernier ordre. En tout cas, on sentait passer dans sa filandreuse harangue, la haine de Jeanne d'Arc et de sa mission divine. Il prétendait que si l'Angleterre avait triomphé, la France aurait été non pas absorbée par elle, mais l'aurait absorbée, que la grandeur de la France se serait accrue de celle de l'Angleterre et que la civilisation en aurait profité. Il ajoutait que la superstition romaine n'aurait pas enchaîné pendant d'aussi longs siècles la conscience de la nation et ajoutait, avec une ignorance effroyable, que nous aurions été *protestants* comme l'Anglais, et par conséquent plus près de la libre-pensée. Il semblait ne pas savoir que les Anglais ne sont hérétiques que depuis Henri VIII, plus de cent années après la mort de Jeanne d'Arc. Enfin, il achevait par la rengaîne ordinaire des Loges, et soutenait que ce n'était pas l'Anglais, mais le prêtre qui avait brûlé Jeanne d'Arc. De nombreux applaudissements accueillirent cette misérable rapsodie.

C'est ainsi que la Franc-Maçonnerie célèbre la Pucelle. Et le secret de sa haine, c'est qu'elle se rend bien compte que la mémoire de Jeanne est inséparable de la sainte Église. Elle hait Jeanne, parce qu'elle hait l'Église.

XI

Je ne prétends point dire qu'il n'y ait dans la Franc-Maçonnerie des hauts grades, que des ennemis de la Libératrice. Elle compte parmi eux des admirateurs. Ce pauvre Fernand Maurice en était un ; mais combien ignorant de sa vraie histoire, combien rempli de préjugés. Quand il fonda la *vraie République*, ce journal maçonnique qui dura si peu, malgré les subventions du Conseil de l'Ordre, et qui mourut si piteusement de ce mal que Rabelais nomme « faulte d'argent », il consacra les premières pages de cet organe qui, dans sa pensée, devait insinuer le virus maçonnique dans le sein des foules, à glorifier Jeanne d'Arc ! Quelle étrange Jeanne d'Arc ! Une sorte de virago redondante et sonore, une amazone emplumée que de méchants cléricaux faisaient mourir. Il y avait autant d'erreurs que de lignes et autant de pensées fausses que de phrases dans son étrange élucubration.

Le ministre Paul Doumer aime lui aussi beaucoup Jeanne d'Arc et il a, plus que ses frères, le sens de sa grandeur et de son prestige. C'est que Paul Doumer est remarquablement intelligent, qu'il a l'âme naturellement droite, qu'il n'est ni haineux comme Colfavru, ni étroit comme Brisson, ni méchant comme Lucipia. Paul Doumer, une fois son ambition satisfaite, est le meilleur et le plus cordial des hommes. Il avait soif de bien connaitre Jeanne d'Arc. Il s'inquiétait de ce qui la concerne. Hélas ! ce ne sont point les tirades universitaires de Dequaire-Grobel, ni les flons-flons de Delpech qui la lui révéleront jamais. Le poireau de Viger verdira cent fois avant que les professeurs de l'Université, qui appartiennent aux Loges, comprennent jamais et puissent jamais faire comprendre aux autres, ce qu'a été la pure héroïne. Néanmoins, c'est une grande clarté dans la nuit qui enténèbre Paul Doumer, que cette passion de Jeanne d'Arc qui l'ennoblit et le rehausse à nos yeux. C'est si rare chez un politicien.

XII

Il est des hommes qui valent mieux que leurs principes et sont meilleurs que leurs idées. L'un de ceux-là est le f.·. Thulié, ancien président du Conseil de l'Ordre, un des caractères les plus francs et un des meilleurs cœurs que je connaisse. Il est matérialiste et il a les qualités d'un chrétien.

Un autre admirateur de notre sainte, c'est Paul Viguier, grand-chancelier du grand collège des rites, un brave et excellent homme, instruit, obligeant, dévoué et bien élevé, très au fait de l'histoire diplomatique de la Franc-Maçonnerie et très sincèrement sectaire.

J'ai remarqué une chose singulière, c'est que tous ces braves Maçons sincèrement enfoncés dans leurs erreurs, ont tous le culte de la glorieuse Pucelle. On dirait qu'elle a un charme particulier qui opère puissamment sur les Francs-Maçons convaincus qui lui sont fidèles. Les Maçons sectaires la détestent ; les naïfs et les emballés l'aiment sans bien la comprendre. Je nommerai aussi Mauger qui est bien le meilleur garçon du monde.

En province, j'en ai rencontré plusieurs. Tous ces Maçons qui aiment Jeanne seront éclairés par elle. Ils comprendront un jour quelle grâce Dieu leur a faite en permettant que leur cœur fermé à la vérité, s'ouvre du côté de cette martyre de la vérité. Jeanne leur ouvrira toutes grandes les portes de la miséricorde. Jeanne *boutera* la malice de Satan hors de leur intelligence. Jeanne prendra d'assaut les Tourelles de leur orgueil et c'est pour moi une consolation bien vive de penser qu'une fois dans la pleine clarté de la foi, ils salueront avec nous et comme nous, la messagère des Voix et la Fille de Dieu.

<h2 style="text-align:center">XIII</h2>

Il nous reste à compléter le portrait de la Jeanne d'Arc inventée par la Franc-Maçonnerie, à l'encontre de celle de l'histoire et de la tradition. C'est un étrange portrait peint par Lucifer sur un fond sulfureux de mensonge. Ce portrait sera suivi du véritable ; et notre mission de vengeur de la Vénérable contre l'insanité et la haine maçonnique sera accomplie.

Pour la Franc-Maçonnerie, la vie de la Pucellle est une légende et, comme un frère a osé l'écrire : « un conte de la mère l'Oie. » Jeanne fut une honnête fille, dûment hallucinée, mais elle ne fut pas un Messie. Écoutez cette horrible phrase : « Robuste paysanne engagée au service du Roi comme porteuse de bannière, elle déploya dans ces fonctions toute la fougue de son névrosisme, toute sa passion guerrière, toute sa ferveur superstitieuse. » L'abominable auteur de ces lignes ajoute que sa légende est un outrage au pays, un outrage aux Orléanais, un outrage au peuple. Et il dit avec un cynisme qui révolte sans étonner : « Jésus même n'était pas plus fils de Dieu que Jeanne d'Arc n'était envoyée de Dieu. La froide raison n'hésite pas à supprimer le fétiche masculin ; la galanterie s'incline devant l'apothéose d'une femme ! »

Nous livrons ces blasphèmes de l'abominable pamphlet d'Ernest Lesigne à la réprobation et au dégoût de tout cœur français, de toute âme catholique. Et dire que la critique est forcée de ramasser avec des pincettes, ces épouvantables ordures morales pour les jeter aux gémonies de la patrie et au fumier de l'histoire.

Quelle honte ! le positivisme maçonnique met sa main répugnante sur l'ange de la nation. L'infectieux matérialisme touche à la vierge admirable et la déclare atteinte d'une hystérie nauséabonde. Et Lesigne a l'audace d'inaugurer sa vilaine besogne par un paragraphe qu'il intitule : *un symptôme patho-logique*. La pudeur et l'indignation arrêtent ma plume. Lesigne salit Jeanne d'Arc. Il fait partir son inspiration d'un cas de pathologie féminine. Cet outrage était réservé à celle qui fut pure entre les plus pures, vaillante entre les plus vaillantes. Le soufflet de Diafoirus meurtrit la joue de la martyre et Purgon bave sur le lys d'Orléans.

XIV

« Elle avait treize ans, l'âge où éclot la jeunesse. » Ainsi parle l'impur auteur. Et il attribue à notre sainte, des malaises vagues, des joies sans causes, des pleurs sans chagrins, des névroses. La Pucelle fut une névropathe! Et il invente, il invente, il ment avec une diabolique hardiesse. Ignorant comme il l'est des textes, des interrogatoires des procès et des chroniques contemporaines, il vous montre Jeanne enfant tour à tour riant et pleurant, courant comme une folle, puis doucement immobile pendant des heures entières. Enfin, il lui attribue toutes les actions désordonnées des clientes de Charcot à la Salpêtrière. C'est dans un de ses accès d'hystérie, qu'elle se congestionne et entend des voix au milieu d'une clarté, pour la première fois. Et le pseudo-savant fait de la pseudo-science. Il aligne tous les grands mots de l'École du charlatan « hallucination, rêve sans sommeil, cauchemar dans la veille, chose qui se meut devant vous et cependant ne vit pas, dont vous touchez le corps et qui n'est pas même une ombre, avec qui vous conversez et qui n'a pas de parole, qui porte couronne et qui cependant n'a pas de tête ». Phrases creuses! Mots sonores! Oui, mais, insinuations meurtrières, haineuses, sous-entendus démoniaques, iniques! L'Église, naturellement, accepte ces hallucinations d'une malade. Elle les baptise : esprit. Tel est, d'après la Franc-Maçonnerie, le fait qui s'est produit dans la « mentalité » de Jeanne d'Arc.

L'éminent Lesigne décrit, alors, le rêve hallucinatoire. Pour Jeanne d'Arc il devient la *névrose chronique*. Et l'aliboron positiviste se donne carrière, comme bien l'on pense. Trois sortes d'hallucinations tourmentent la Pucelle : les hallucinations religieuses,

les hallucinations provoquées, les hallucinations bel-
liqueuses. Sous l'influence de ces accès d'hystérie,
elle voue à Dieu sa virginité. Sous l'influence de ses
rêveries, elle forme le projet de délivrer le royaume,
parce que dit notre homme : « le fait des voyantes est
d'aller vers les rois. » Nous ajouterons, nous, que le
fait des sectaires hallucinés par l'ignorance et par le
parti-pris est d'aller à Charenton. Ecoutez un peu cette
description aussi irrévérencieuse que saugrenue.

« Jeannette saturée de toutes les superstitions de
son temps, fille aux jarrets solides, aux vives colères,
en proie aux hallucinations religieuses et partageant
les instincts guerriers de ses frères, fut définitivement
soulevée par les événements locaux de la vallée de la
Meuse au commencement de 1428... »

XV

Il restait à la Franc-Maçonnerie de démolir la
puissance anglaise, pour expliquer la facilité avec
laquelle Jeanne accomplit sa tâche et rendre inutile
l'intervention de Dieu. C'est ce que le pamphlétaire
Lesigne a essayé de prouver. Il restait à démontrer
qu'Orléans pouvait se défendre aisément et que rien
n'était perdu. C'est encore ce que ce rhéteur a tenté
de prouver. Il n'y a qu'à renvoyer aux histoires de
Wallon et de Sepet, aux lumineuses dissertations de
M. Boucher de Molandon, aux admirables pages du
P. Ayroles, pour répondre à ce sophiste à qui un
élève des Petits-Séminaires pourrait apprendre l'histoire du XVe siècle et de la guerre de Cent ans. Le

piège est trop grossier pour que d'autres que le *mob* des Loges Bleues s'y laisse prendre.

Tout le monde sait en quel état désespéré était la France de 1429. La Nation touchait à sa ruine. La monarchie croulait. Un roi Anglais uni au duc de Bourgogne était maître de Paris, de Rouen, de Bordeaux, de plus des deux tiers du Royaume. Les armées toujours battues étaient émiettées, les capitaines découragés. Qu'Orléans fût pris, et il ne resterait plus à Charles VII qu'un dernier asile, l'Ecosse, sa fidèle alliée. C'est justement à cette heure de détresse que Jeanne apparut et que le secours de Dieu se manifesta par elle. Le miracle est évident. L'intervention divine est patente. Il faut être ignorant comme un franc-maçon, pour nier l'un et l'autre.

Inutile de suivre page par page le bas et odieux pamphlet. Il faut en venir au bouquet. Le bouquet c'est que Jeanne n'a pas été brûlée à Rouen. Comment accorder cela avec la rage que la Franc-Maçonnerie met à accuser l'Église de l'avoir « arse ? » Lesigne lui, prétend qu'elle a échappé à la mort. Il oublie de dire comment, ou plutôt il avoue qu'il n'en sait rien, mais il identifie la Pucelle avec une fameuse intrigante, Claude des Armoises, qui se présenta sous son nom en 1436 et en 1439 et qui fut reconnue par ses frères Jean et Pierre et par les bourgois d'Orléans. Démontrer l'énormité de cette bêtise que Lesigne appelle une découverte, n'est point du fait de cette brochure. Nous renvoyons aux travaux de Quicherat, de Lecoy de La Marche, de Sepet, de Wallon, de B. de Molandon et de Jean Kostka.

XVI

Ainsi dans le clan maçonnique, les uns nous présentent Jeanne d'Arc comme brûlée par les prêtres ; les autres prétendent qu'elle s'est sauvée des flammes ; mais c'est pour la salir encore davantage, car ils l'identifient avec la pire des aventurières, la démoniaque Claude des Armoises.

Il reste acquis que le portrait de la Pucelle esquissé par les écrivains et les sophistes de la secte, est un portrait odieux et profanateur, blasphématoire et anti-français, une abominable caricature qui porte la marque de la griffe infernale de Satan, le singe de Dieu.

Notre tâche ne serait pas remplie, si maintenant nous n'opposions pas à la charge luciférienne de la céleste figure, cette figure elle-même transfigurée par le dévouement, la foi, la pureté et le martyre.

Nous devons établir deux points qui sont, comme on l'a vu, contestés par la Franc-Maçonnerie :

1° Jeanne est inspirée ;

2° L'Église est innocente du supplice de Jeanne et Jeanne appartient à l'Église, par sa croyance et par ses vertus, comme par sa mission venue d'En-Haut.

Nous le ferons, dans la seconde partie, avec l'aide de Dieu.

———

IIE PARTIE

JEANNE D'ARC INSPIRÉE ET L'ÉGLISE

XVII

Jeanne d'Arc n'est pas une hallucinée, une malade, une folle sublime, mais une inspirée véritable. Les voix sont réelles, indéniables, et son prestige vient de son inspiration, comme son succès en est le résultat. Jeanne a toujours soutenu avec une fermeté inébranlable que Dieu lui parlait par des voix de saintes et d'anges.

Si les voix étaient hallucinatoires, il faudrait admettre un état maladif, une névrose caractérisée, qui n'ont jamais existé chez la très forte et très vivante Jeanne d'Arc.

Les voix ne sont pas en elle, les voix venaient à elle. Elles étaient dans le lieu où Jeanne se trouvait, dans sa prison de Rouen, comme dans la plaine de Domrémy, sur le bûcher comme aux batailles. La Pucelle affirme que saint Michel, sainte Catherine, sainte Marguerite parlaient par ces voix. Saint Michel a parlé le premier. Il lui a dit que l'ordre de Dieu était qu'elle allât en France. Elle a vu l'archange, des yeux de son corps, comme elle voyait ses juges. Il n'était pas seul. Des anges l'environnaient. Il lui a annoncé la venue de sainte Catherine et de sainte Marguerite. Il lui a conseillé de croire à leurs discours, parce qu'ils venaient « du commandement de Notre-Seigneur ». Elle douta d'abord de l'identité du personnage céleste ; elle eut grand peur. Mais bientôt elle reconnut l'archange, à sa doctrine. Merveilleuse réponse ! La doctrine juge de la qualité des voix ! Et qu'enseignait le messager d'En-Haut ? Il disait qu'avant toute chose elle devait être bonne petite fille, et que Dieu serait son aide. Il lui racontait la pitié qui était au royaume de France. On se trouve ici en présence d'une affirmation très nette, très significative, de la plus véridique et de la plus respectable des créatures, touchant l'identité de la voix et du personnage archangélique de saint Michel.

La crédibilité des voix repose sur deux bases, la santé intellectuelle et corporelle de Jeanne d'Arc et sa véracité absolue. Ces deux bases sont indiscutables. Comment ne pas l'admettre ? Il faut, si on les rejette, repousser le témoignage historique des textes et le témoignage intérieur de la conscience.

XVIII

Qu'on ne vienne donc plus dire, même avec respect, feint ou réel, même avec atténuation « *Jeanne a cru voir ! Jeanne a cru entendre !* » Jeanne a réellement entendu et vu, puisqu'elle affirme avoir vu et entendu, et qu'elle n'est ni hallucinée, ni menteuse. Je ne vois pas comment on peut sortir de ce dilemme. Ce ne sont ni des rêveries, ni des phrases, ni des systèmes, encore moins des dénégations orgueilleusement préconçues qui remplaceront la logique des faits et l'attestation solennelle et répétée des textes.

Un fait domine toutes les réponses de Jeanne d'Arc, sa parfaite santé. Les témoignages qui le prouvent se pressent en foule et l'on n'a qu'à choisir dans leur nombre. Elle était jeune, belle, bien formée, dit d'Aulon. Elle était robuste et bien compassée des membres, dit *La Chronique de la Pucelle*. Elle était de petite stature, de face rustique, avait les cheveux noirs et le corps très robuste, dit Guglielmo Guasco. Elle avait une telle vigueur, qu'à cheval et tout armée, elle semblait exempte des infirmités de la nature. Sa poitrine était largement développée. Elle pouvait demeurer tout armée, à cheval, six jours et six nuits consécutifs. Sa sobriété était inconcevable.

A qui pourra-t-on jamais persuader que pareille fille soit hallucinée? La névrose ne concorde pas avec l'idée que l'histoire et les contemporains nous ont laissée d'elle. Ses ennemis eux-mêmes, quand il la poursuivaient de leurs grossières injures, en l'appelant *ribaulde* et *vachière* constataient sa vigueur physique. Cette vigueur frappait tous les regards.

« Je prévois de grands périls, dit excellemment Jules Quicherat, pour ceux qui voudront classer le fait de la Pucelle parmi les cas pathologiques. Mais *que la science y trouve ou non son compte*, il n'en faudra pas moins admettre les visions. »

Tout le monde raisonnable et instruit s'inclinera devant cet axiome du maitre, parce qu'il est un axiome d'évidente vérité. Seul Lesigne et seuls aussi les sectaires de la caverne d'Hiram protesteront. Autant en emporte le vent.

XIX

L'ouïe de Jeanne a été extérieurement affectée par le phénomène divin des Voix. Les yeux ont joui de visions réelles. Le fait d'une apparition lumineuse accompagnait presque toujours celui de l'audition des Voix. La clarté venait du même côté que le son. Les êtres surnaturels se présentaient dans cette lumière. Même dans la prison, une clarté luit. Quand elle manque, la voyante s'étonne.

L'odorat et le toucher jouent également leur rôle. Jeanne d'Arc a embrassé les saintes. Elle les a « accolez ». Elle a senti la vivifiante chaleur des apparitions. Elle a respiré leur parfum céleste. Son anneau a été sanctifié par le contact de sainte Catherine. Jeanne a vu ; Jeanne a entendu. Jeanne a touché des personnages vrais, réels, distincts, indépendants et séparés de sa pensée, de son cerveau, de sa personnalité organique.

Si l'on surprenait, après une longue et minutieuse étude, une laborieuse comparaison des textes, la moindre défaillance constitutionnelle, un signe morbide, un caractère maladif, une apparence de névrose dans la voyante ; si on pouvait surprendre dans son âme une faiblesse morale, dans son cœur une tache, dans sa pensée l'ombre de l'équivoque, dans ses paroles l'apparence du faux-fuyant, on abandonnerait immédiatement ce fait des Voix, ce fait des visions et, par conséquent, le fait même de sa surprenante mission libératrice. Tout tomberait, tout croulerait du même coup. Il ne resterait rien du sublime phénomène. Mais l'on ne surprendra rien de tout cela.

Il faut donc se rendre à la claire et lumineuse évidence, quelque extraordinaire que puisse être et que soit cette évidence incontestable. Ce qui est, est. Le fait constaté est le fait indéniable. Crédules ou incrédules, nul n'y peut rien. C'est le fait.

XX

Concluons avec l'Église. Concluons avec l'histoire. Concluons avec la Patrie. Concluons contre la secte « cette peste morale de la famille humaine ». ELLE A VU. ELLE A TOUCHÉ. ELLE A ENTENDU. Et c'est à la suite de ces phénomènes qu'elle a obtenu ce résultat imprévu, immense : la levée du siège d'Orléans, la victoire en rase campagne de Patay, le sacre du roi, la résurrection de la France, l'expulsion de l'étranger, la ruine du parti Bourguignon, la concentration des forces nationales, le salut de la monarchie, la libération du territoire, le réveil prodigieux de la patrie.

L'histoire n'enregistre chez aucun peuple, excepté le peuple d'Israël, à aucune époque, excepté au temps de Déborah, un résultat aussi merveilleux, d'aussi grandes choses entreprises, conduites, exécutées, réalisées avec d'aussi faibles moyens ; des événements aussi remarquables accomplis par une fille, par une enfant (elle a dix-neuf ans), par une paysanne, par une bergère, par une ignorante.]

Il faut s'étonner, s'attendrir et se rendre. Il faut

accepter cette leçon souveraine et s'abandonner à ce charme ineffable.

Si les Voix de Jeanne sont fausses, Jeanne n'a pas fait ce qu'elle a fait. Si Jeanne, au contraire, a fait ce qu'elle a fait; si elle a sauvé une nation mourante, rallumé une flamme éteinte, rétabli un trône chancelant, restauré un peuple dissous, il faut dire: les Voix de Jeanne sont vraies. L'histoire le dit et la conscience le répète et la vérité l'affirme et la sainte Église le consacre. LES VOIX SONT VRAIES ET JEANNE D'ARC A ÉTÉ INSPIRÉE PAR LES VOIX.

XXI

Il est donc bien établi que Jeanne d'Arc est une inspirée.

Mais la secte, battue sur ce point, se retranche dans une autre question.

Elle nous présente la Vénérable comme une rebelle et l'Église comme un bourreau.

Démolissons ce dernier rempart de la secte.

La secte marche sur les traces des juges abominables de la Libératrice. Pour qu'on le comprenne bien, il nous faut rappeler les faits.

Le jeudi 15 mars 1431, le vice-inquisiteur Jean Le Maitre et Jean de La Fontaine, commissaire député par Pierre Cauchon, assistés de Nicolas Midy, de Gérard Feuillet, d'Isambard de La Pierre et de Nicolas de Saint-Hubent, se transportèrent dans la prison de Jeanne d'Arc.

Ils la sommèrent de s'en rapporter à l'Église. Et

Jeanne, dans une merveilleuse réponse, protesta, en général, qu'elle ne voudrait rien soutenir contre la foi chrétienne, demanda l'examen des clercs et s'engagea à consulter son *conseil*, c'est-à-dire ses voix.

Les interrogateurs lui parlèrent alors, en *langage théologique*, de la distinction qu'il y a entre l'Église triomphante et l'Église militante, et l'engagèrent à se soumettre à la détermination de cette dernière. On posait ainsi le jalon perfide. Jeanne d'Arc, qui se méfie de ses juges, se tient sur la réserve.

Pourquoi, dans cet interrogatoire, ne répond-elle pas nettement : Je me soumets à l'Église.

La réponse à cette objection est facile à faire. Elle ne répond pas nettement : *oui*, parce qu'elle pressent le piège et qu'elle craint que ses juges, en parlant d'Église, NE SE SOUS-ENTENDENT EUX-MÊMES. Elle ne peut les accepter pour l'Église, elle ne peut donc leur répondre nettement oui, car elle ne peut, sans mentir et forfaire à sa mission, reconnaître leur autorité.

Le 17 mars, la question lui est posée de nouveau. Et Jeanne répond qu'elle aime l'Église et la voudrait soutenir de tout son pouvoir et qu'elle aime aller à l'église et ouïr la messe. Mais quant aux bonnes œuvres qu'elle a faites, elle s'en attend au roi du ciel qui l'a envoyée.

XXII

Une première lueur nous frappe dans cette réponse. On y voit que Jeanne comprend jusqu'à présent par la soumission à l'Église, l'accomplissement des commandements de l'Église. Ne voulant ni ne pouvant reconnaitre, dans l'indigne tribunal, une Église qu'elle a appris à aimer et à vénérer, elle interprète leur question dans le sens des obligations que cette Église lui impose, c'est-à-dire dans le sens de ses commandements, comme celui-ci, par exemple : « Les dimanches messe ouïras. »

Les interrogateurs appuient de nouveau.

— Vous en rapportez-vous à la décision de l'Église ?

Elle répond : Je m'en rapporte à Notre-Seigneur, et m'est avis que *c'est tout un* de Notre-Seigneur et de l'Église.

Elle les met là au pied du mur. Elle les oblige ou à nier que Jésus-Christ et l'Église soient un, ou à lui donner leur définition de l'Église, c'est-à-dire à déclarer si, par l'Église, ils entendent leur abominable tribunal. On ne peut rien trouver de plus adroit au sens humain que cette réponse, rien de plus correct au sens théologique, rien de plus grand au sens divin.

Ils reprennent leur thème, la distinction entre l'Église triomphante et l'Église militante.

Après une distinction aussi clairement formulée et qu'elle a comprise, pourquoi maintenant ne répond-elle pas clairement, pourquoi ne dit-elle pas : oui, je me soumets à l'Église militante ?

La solution de cette difficulté est dans la réponse même qu'elle a faite. Elle a reçu sa mission de Dieu et de l'Église triomphante, elle la leur soumet : « Je suis venue au roi de France, de par Dieu, de par la Vierge Marie et tous les benoits saints et saintes du Paradis et l'Église victorieuse de Là-Haut, et de leur

commandement, et à cette Église là je me soumets. »
Quant à l'Église militante, qui se compose du Pape,
des évêques, du clergé et des fidèles, elle ne la con-
naît présentement que dans cette fraction injuste et
hostile qui se prétend son juge. A CETTE FRACTION-LA,
ELLE NE SE SOUMETTRA JAMAIS. Mais elle réserve sa soumission à l'ensemble de cette Église. Et tout d'abord,
elle invoque le Pape : « Qu'on me mène devant lui et
je répondrai ce que je devrai répondre. »

XXIII

Il apparait de cela, bien nettement, bien clairement,
qu'elle requiert qu'on la conduise au chef même de
l'Église militante. Il s'ensuit qu'elle se soumet
d'avance à son jugement. Mais il apparaît non moins
clairement, non moins nettement, que les gens qui
sont devant elle ne sont pas cette Église militante, à
qui elle se soumettrait volontiers, elle, ses faits et ses
dits ; en conséquence, elle n'a rien à leur dire de plus.

De telle sorte que JEANNE EN APPELAIT AU PAPE.
Demander d'aller au Pape, c'était se soumettre à
l'Église militante.

C'était se soumettre à l'Église militante, que de
dire, comme elle le dit, en réponse à l'article premier du réquisitoire du promoteur Jean d'Estivet :
« Qu'elle croit bien que Notre Saint-Père le Pape de
Rome, et les évêques et autres gens d'église, sont
pour garder la foi chrétienne et punir ceux qui
défaillent. » Elle sentait bien que l'évêque Cauchon
et le promoteur lui appliquaient à elle personnel-

lement, la qualification d'hérétique, en s'arrogeant le droit de la juger au nom de l'Église dont ils lui vantaient l'autorité. Cette fausse église-là elle la repoussait, la reniait et lui refusait avec énergie l'obéissance et la soumission.

Ces hommes d'iniquité, ces schismatiques, ancêtres des sophistes et des sectaires modernes, comprenaient parfaitement le mobile qui la faisait parler ainsi ; ce qui ne les empêcha pas d'affecter, absolument comme leurs imitateurs maçonniques et libres-penseurs d'aujourd'hui, de voir en elle une révoltée qui se refusait à admettre l'autorité de l'Église-militante.

Quant à elle, elle pose en principe que ses actions et paroles inspirées sont de Dieu. Et eux ils posent en principe que ses actions et ses paroles inspirées sont du diable et ils veulent l'obliger à reconnaitre que c'est l'Église militante personnifiée par eux, identifiée en eux, qui la condamne.

Ne vous croyez-vous donc pas sujette de l'Église qui est sur la terre, lui dit Cauchon, poussé à bout ?

Jeanne d'Arc le frappe en plein cœur par cette admirable réponse : « Oui ! notre Sire premier servi ! »

Placée entre Dieu qui l'a envoyée et l'homme qui la rejette, l'accuse, la juge en se disant l'Église, elle trouve dans sa superbe réponse : « Je m'en attends à lui, Notre Seigneur » ; le seul refuge et le seul asile.

XXIV

Elle continue d'une voix touchante, plaintive et résignée, pénétrante : « Je sais bien que Notre Seigneur a été toujours maître de mes faits et que Satan n'avait aucune puissance sur eux. J'ai demandé à mes voix si je serai *arse* et les voix m'ont répondu que je m'attende à Notre Seigneur et qu'il m'aidera. »

On saisit dans ces paroles, une mélancolie divine, quelque chose comme un écho de la grande plainte de Gethsémani : « Père ! si tu veux, que ta volonté se fasse et non la mienne ! »

Le 24 mai 1431, dans le cimetière de l'abbaye de Saint-Ouen, Jeanne, vraiment inspirée, répond au prédicateur Érard, dont la péroraison niait précisément sa soumission à l'Église, par cette magnifique parole : « J'ai dit aux juges toutes les œuvres que j'ai faites. Qu'on les envoie a Rome, devant Notre Saint-Père le Pape, auquel et a Dieu premier. je me rapporte. » Et elle riposte à une nouvelle interrogation par un second et formel appel au Saint-Père.

Je m'en rapporte à Dieu et à N. S.-P. le Pape.

Elle en appelait à Pierre, elle en appelait au Pape, au chef infaillible de l'Église. Voilà le fait. Il est bien clair, bien palpable et bien évident.

J'en appelle a N. S.-P. le Pape !

Si les juges avaient été de bonne foi, ils auraient relevé cet appel. Or, que répondirent-ils ? *Ils répondirent que le pape est trop loin.* Puis, démasquant enfin leurs batteries et montrant le fond de leurs pensées, ils lui dirent qu'elle devait s'en rapporter à l'Église et tenir ce que les clercs et les gens bien connaissants (c'est-à-dire eux-mêmes) disaient et avaient déterminé de ses faits et de ses dits. Ainsi rien de plus clair. L'Église a laquelle ils la sommaient de se soumettre, c'était eux-mêmes.

Elle en appelait au Pape. Ils ricanaient. *Le Pape est trop loin !* Mais nous, nous sommes-là. Rapportez-vous en à nous. Soumettez-vous à nous, nous sommes l'Église. Sinon, vous êtes hérétique, rebelle, obstinée et orgueilleuse.

Les francs-maçons raisonnent comme Cauchon et comme ses assesseurs. Leur bonne foi est la même. Cauchon et Hiram se valent. L'Église, selon le Grand-Orient de France donne la main à l'Église, selon le démoniaque et le schismatique évêque de Beauvais. Et Érard crie : « Tu abjureras présentement ou tu seras arse ! »

XXV

C'est Massieu qui nous a conservé le souvenir tragique de cette scène. Le même Massieu, dans sa libre déposition de 1452, atteste de la *Pucelle qu'elle se soumettait à l'Église*, comme une bonne chrétienne.

Pierre Miget dépose, à cette même époque, que Jeanne d'Arc avait toujours protesté qu'elle voulait s'en tenir à la foi catholique et qu'elle réprouvait tout ce qui, dans ses faits et dans ses dits, lui pourrait être contraire.

Martin Ladvenu lui a rendu le même témoignage.

L'évêque de Démétriade ne se rappelait pas qu'elle eût jamais refusé de se soumettre à l'Église. Pierre Cusquel affirma qu'elle s'était soumise au Pape.

Tous ces témoignages venant corroborer les paroles de Jeanne d'Arc, ne laissent subsister aucun doute sur l'entière soumission de cette admirable fille, à la foi de l'Église catholique, apostolique et romaine.

Toute notre argumentation a roulé sur ce fait que la Pucelle a compris que par Église et soumission à l'Église, les juges entendaient signifier leur tribunal et la soumission à leur tribunal, et tendaient un piège odieux et subtil tout à la fois, à son ignorance théologique et à sa simplicité. Cette conviction de Jeanne faisait qu'elle évitait de leur répondre nettement par un oui qui la leur livrait, parce que, par ce oui, interprété par eux, elle reniait sa mission, deshonorait sa vie et sa cause, sa patrie, son Roi et son Dieu.

Eh bien ! Isembard de La Pierre n'a pas vu autrement que nous. Il affirme, en 1451, que pendant un certain laps de temps, lorsqu'on interrogeait Jeanne d'Arc sur sa soumission à l'Église, elle comprenait que par l'Église, on désignait le tribunal.

Quand Pierre Morice lui eut expliqué le terme *église*, elle se soumit *immédiatement* au Pape.

La conclusion est facile à tirer. Il ressort des textes et des témoignages que Jeanne d'Arc a pleinement et totalement soumis à l'Église et au Pape ses dires et ses actions ; qu'elle a appelé au Pape et à l'Église universelle ; qu'on a refusé et repoussé cet appel ; qu'elle a maintes fois protesté de sa foi en l'Église ; d'où il suit que, vouloir faire de Jeanne d'Arc une indépendante, une réformatrice et une sorte de mystique et d'illuminée, serait une tentative tout à la fois contraire à l'exactitude des faits, à la réalité historique et à la vérité.

Mais la Franc-Maçonnerie se moque de l'exactitude des faits et de l'histoire. Elle connait et elle applique la maxime de son patron, le sieur de Voltaire : « Mentez, mentez toujours, il en restera quelque chose. »

Oui, **auprès des imbéciles !**

XXVI

Il nous faut maintenant réfuter le dernier sophisme de la secte. L'Église a condamné et brûlé Jeanne d'Arc.

Et d'abord, une comparaison.

Imaginez un conseil de guerre qui, par impossible, serait composé d'officiers et de juges indignes et qui condamnerait à mort un soldat innocent. Ce conseil observerait la forme des règlements militaires et rendrait un jugement inique. Accuserez-vous l'armée d'être solidaire de ce conseil et aurez-vous le droit de dire : l'armée a condamné un innocent ?

Non, n'est-ce pas.

Eh bien, le tribunal de Rouen a fait comme ce conseil de guerre. Les juges de Rouen ont été des juges iniques, vendus et abominables. Ils sont ecclésiastiques. Ils ont suivi la forme extérieure de la procédure ecclésiastique. Avez-vous le droit de rendre l'Église solidaire de ces juges ? Avez-vous le droit de crier, faisant chorus à la Libre-Pensée, à la Franc-Maçonnerie : « L'Église a condamné Jeanne d'Arc ? »

Non ! vous n'avez pas ce droit.

Cet argument de bon sens, cette comparaison

juste et topique, nous laissent entrevoir quelle est la mauvaise foi des sectaires, quand ils accusent la sainte Église catholique d'avoir été le bourreau de la Libératrice.

L'acte de Rouen est un brigandage. Les juges sont des bandits et l'Église n'est pas responsable de leurs faits et gestes.

Pierre Cauchon, criminel de lèse-majesté, ami et complice des cabochiens, rebelle à son roi, âme damnée de Jean sans Peur et de l'Université de Paris, courtisan des Anglais, est un ennemi du Pape, un schismatique, un gallican avant la lettre, et si la Franc-Maçonnerie eût existé de son temps, il eût été un excellent franc-maçon.

Il représente si peu l'Église, qu'il est lui-même grandement suspect d'hérésie. L'illustre Jean Bréhal prononce contre lui ces graves paroles que j'engage le f∴ Blatin à méditer : « Cet évêque et ces fauteurs pourraient dûment se justifier d'attentat manifeste contre l'Église romaine et *même du crime d'hérésie*. » Pierre Cauchon avait été excommunié à Bâle. C'est un misérable hypocrite, un évêque démoniaque et un faussaire spirituel. Sa mémoire est en exécration.

Jamais ce coquin schismatique ne représenta la sainte Église catholique.

XXVII

Qu'est-ce que le schisme ? Le schismatique dit saint Thomas, est celui qui refuse de se soumettre au Souverain-Pontife et de communiquer avec les membres qui lui sont soumis.

Les ennemis de Jeanne étaient des schismatiques. Ils ne représentaient donc pas l'Église. Eugène IV, au concile de Florence, les a déclarés schismatiques. En tête de ces ennemis, il y a la fameuse Université de Paris. « Rien, en France, dit magnifiquement le P. Ayroles, n'était aussi anglais que la célèbre corporation... Il est temps que justice soit faite ; l'Université couvrit d'un voile sacrilège, parce qu'il était saint, la satisfaction de sa vengeance contre celle dont la mission divine condamnait son passé. Odieux, le rôle des Anglais, beaucoup plus odieux le rôle des théologiens prévaricateurs, traîtres à leur pays ; mais, il faut se hâter de l'ajouter, beaucoup plus ennemis des prérogatives de la chaire apostolique, en révolte contre la chaire de Pierre, et par suite animés d'un esprit anti-catholique. »

Oui, l'Université de Paris était à la fois antifrançaise et antipapale. Elle ne représentait donc pas l'Église. Elle allumait le bûcher de Rouen et elle lançait la torche incendiaire du schisme contre la chaire indéfectible de Pierre.

« Elle a livré, continue le R. P., elle a livré au pouvoir séculier la miraculeuse apparition du Christ-Roi qui est la Pucelle ; c'eût été le sort du vicaire de Jésus-Christ, d'Eugène IV, si on avait exécuté les décisions qu'elle inspirait ».

La Franc-Maçonnerie, impie et sectaire, la Libre-Pensée profanatrice crient : l'Église a brûlé la Pucelle ! Nous lui répondons : Vous mentez.

C'est la horde de vos précurseurs, ce sont vos hommes du xvᵉ siècle, vos séïdes, vos ancêtres, qui ont martyrisé Jeanne d'Arc! Cauchon est à vous, gardez-le! D'Estivet est à vous, gardez-le! Loiseleur est à vous, gardez-le! Menteurs et meurtriers, les assesseurs, les juges, les assassins, les bourreaux, les hypocrites, les hérétiques sont à vous, gardez-les! gardez-les!

XXVIII

Quel a donc été le rôle de l'Église romaine? Ah! il a été un rôle de réparation. L'Église romaine réhabilite solennellement la mémoire de Jeanne et flétrit celle de ses juges. Cauchon, représentant de la Libre-Pensée au xvᵉ siècle, Cauchon le simoniaque et le schismatique a livré Jeanne à la mort, Calixte III, pape et justicier a détruit, par son rescrit apostolique de 1455, l'œuvre abominable de Cauchon. La Pucelle nous appartient, mais elle appartient bien plus encore à la sainte Église romaine. Elle lui appartient par sa vie angélique, par sa mort sublime, par son appel au Pape, par sa réhabilitation solennelle. Elle lui appartient comme la colombe appartient à l'Arche. Puisse-t-elle rapporter aujourd'hui à cette auguste mère persécutée et trahie, le rameau d'olivier sauveur qui lui annoncera que les eaux du Déluge se sont écoulées et que la terre chrétienne est libre et purifiée.

Oh! qu'il a bien raison, le R. P. Ayroles, de s'écrier dans son livre admirable : la *Pucelle devant l'Église de son temps:* « L'Église romaine nous a conservé les faits : nous lui devons les dépositions de 118 témoins qu'elle a appelés à venir déposer devant ses délégués ; seule, elle en a donné l'explication vraie, l'explication théologique.

Gloire donc à Jeanne, gloire à la sainte Eglise, sa mère et notre mère, qui l'a défendue et qui l'honore. Gloire à la sainte Église qui l'a déclarée vénérable ! Gloire à la sainte Église qui lui prépare les suprêmes triomphes de la béatification ! Gloire à la sainte Église dont elle était la fille soumise et bien-aimée.

Honte aux sectaires qui en injuriant cette Église, injurient notre sainte ! Honte aux sectaires qui, joignant le mensonge à l'audace et l'hypocrisie à l'ignorance, accusent lâchement et faussement du supplice de la martyre, celle-là même qui glorifie et qui exalte la martyre !

XXIX

En posant la plume nous pouvons nous rendre le témoignage que nous avons démasqué, avec l'aide de Dieu, le grossier sophisme de la secte. Nous pouvons nous rendre le témoignage que pour tout esprit de bonne foi, nous avons rendu impossible, désormais, la crédibilité au mensonge maçonnique, touchant Jeanne d'Arc.

Nous avons opposé à la fausse Jeanne des Maçons, la Jeanne de l'histoire, la sainte à l'amazone, la fille de Dieu et de l'Église à la fantasmagorique créature nventée par la Libre-Pensée.

Nous avons démontré l'inspiration de Jeanne.

Nous avons réfuté les arguments du positivisme.

Nous avons confondu l'audace de la fourberie naturaliste.

Enfin, nous avons vengé l'Église de l'odieuse accusation que les sectaires faisaient peser sur elle.

Nous avons rendu Cauchon à ses émules et à ses pareils. Notre tâche est achevée.

Ou plutôt, non, notre tâche commence.

C'est celle de l'apostolat et de la prière.

Il faut maintenant supplier Dieu par l'intervention de Jeanne d'Arc, il faut le supplier instamment et ardemment, le supplier sans cesse, de convertir ces malheureux, de leur faire entrevoir la vérité ; de les restaurer dans sa grâce ; de les rétablir dans leur dignité de chrétien ; d'avoir pitié de leur âme.

Il faut crier à ces malheureux eux-mêmes, ce que Jeanne d'Arc criait aux Anglais, dans les fossés des Tourelles, ce qu'elle criait à Glasdale, son insulteur : « Ah ! j'ai grand pitié de ton âme. Ah ! Glacidas, rends-toi au Roi du Ciel. »

K. DE BORGIA.

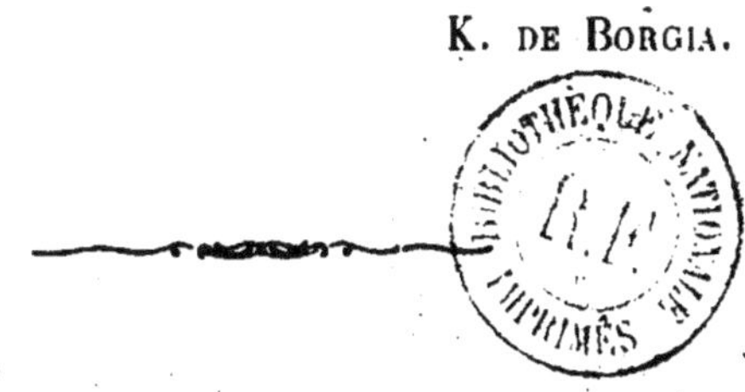

www.ingramcontent.com/pod-product-compliance
Lightning Source LLC
LaVergne TN
LVHW010328030726
842520LV00004B/1323